手づくり ジャム・ジュース デザート

Inoue Setsuko
ふるうつらんど井上 井上節子

創森社

果樹園発のフルーツレシピをどうぞ～序に代えて～

わが家はブドウ、梨、桃ほか約20品目の果物を栽培している果樹農家です。娘夫婦と一緒に、自然の中で動物とふれあい、果樹と語り合う毎日です。丹精込めて育てたフルーツは、直売所「ふるうつらんど井上」で販売しています。またジャムなどの加工品をつくり、「ばぁばの手果房」というオリジナルブランドとして、みなさまにお分けしています。この「ばぁばの手果房」シリーズの制作は私の担当で、まさに「おばあちゃんの手づくり」です。

＊

振り返れば、もともと料理は好きでした。学生時代は忙しい母の手助けのためお勝手に立ち、料理の本を見ることが大好きでした。当時のおやつは原料から手づくり。サツマイモを乾燥させて石臼で粉にした「イモ団子」や、小麦粉の中に野菜やゴマと卵を入れた「焼きびん」などをつくっていたものです。

そして縁あってこの井上家に嫁ぎ、素晴らしい先代と出逢いました。舅の松之助は、この火山灰土の地に果樹栽培を広めた先覚者でした。また、姑のタケは料理の達人で、私の料理の大先生でした。「かまど」を改良してパンを焼くなど研究熱心で、手づくりの自然の味、旬の味を大切にしていました。自分の目で確かめる食材選びからおもてなしの心まで、すべてが勉強になりました。

幼いころのお正月、母の実家に遊びに行ったとき、祖父が七草を摘んで、まな

板の上でトントンと叩きながら「七草なずな……」と口ずさんでいました。ふと耳をすましてみると、あの祖父の声と包丁の音が聞こえてくるような気がします。料理の思い出はいつも温かい、家族のぬくもりと共にあります。そんな懐かしい思い出を、自分の子や孫たちの世代にも伝えたい。時間に追われる暮らしの中でも、手づくりのよさを、自然の味、本物の味を伝えていきたい。この一冊が、そんな助けにもなることを願っています。

＊

私の財産は、理解ある家族と多くの方々との出逢いです。さまざまな出逢いを通して、すぐれた知恵と技を私なりに習得することができたと思っています。今まで多くの方々にご指導いただき、未熟ながらも「果樹園発のフルーツレシピ」をまとめることができましたことを、心からお礼申し上げます。

今後とも健康第一で、いつまでも現役が私の目標です。頑張りすぎず、背伸びもせず、自然の恵み・果物を大切に、「百笑（百姓）」の暮らしを紡いでいきたいと思います。本書をひとりでも多くの方にご覧いただき、たくさんの出逢いに恵まれますことを祈りつつ……。

２００４年１月

井上節子

手づくりジャム・ジュース・デザート●もくじ

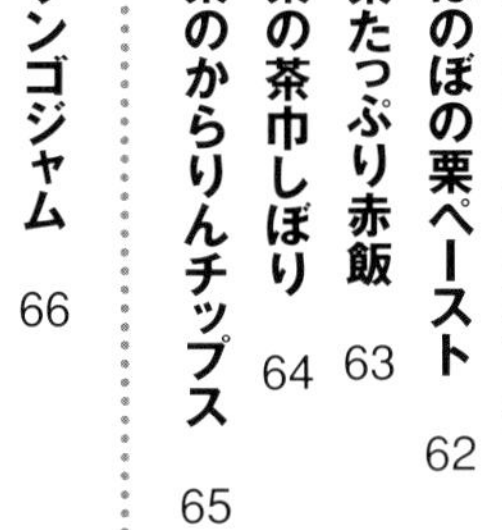

＊分量は４人前を基本としていますが、加工品や料理によっては１回でつくりやすい分量を目安として記しています。
また、皮を使用する果物（夏ミカン、リンゴなど）は、有機無農薬栽培や低農薬栽培のものを使用してください。

果樹は露地だけでなくハウスでも栽培

●

収穫間近のハウス栽培の梨

デザイン——ベイシックデザイン
（中島真子＋久保田和男）
撮影——三戸森弘康ほか
編集協力——神原恵里子
校正——中村真理

1

章

ようこそ
私の果樹園へ

梨は「幸水」「新高」「かおり」「菊水」など多種類を栽培（写真は「新高」）

「味と香りのよさ」を求め続けて

わが家は代々の果樹農家。2.5ha余りの果樹園にブドウ、梨、洋梨、リンゴ、キウイフルーツ、柿、イチジク、桃など20種類ほどの果物を栽培しています。

収穫した果物は、直売所「ふるうつらんど井上」で販売したり、詰め合わせにして宅配、加工用に生かしたり。直売を主力にしていることもあり、果実の外観や大きさよりも「味と香りのよさ」を追求。肥料も少なく施し、木のもつ自然の力を利用して低農薬栽培に取り組んでいます。

現在、食品加工部門は私の受け持ち。果樹栽培と管理は、娘夫婦が担当しています。

母屋からブドウ園、加工施設、直売所、リンゴ園、ハウスなどを見おろす

早生梨の代表「幸水」

スイカは、宙吊り状態にして栽培。太陽がいっぱい当たり、むれないので病気にかかりにくくなる

樹齢80年余りになる「菊水」の根元

たわわに実をつけるリンゴ「アルプス乙女」

熟しはじめた桃の果実

中秋から熟すキウイフルーツ

収穫間近の「ヒムロット」

袋がけした状態の大梨「新高」

人気急上昇の「安芸クイーン」

「新高」は赤梨の大果

旬がうれしい果物グラフィティ

果樹園では春先から晩秋にかけて、安全でおいしい果物を絶やすことがないように多くの種類、品種の栽培ローテーションを組んでいます。ここでは、旬の主な果物をお目にかけましょう。

※（　）は、ふるうつらんど井上の収穫時期

❶食味良好の「ヒムロット」（8月）
❷果粒が大きく甘味が高い「藤稔」（8～9月）
❸さっぱりした甘味「安芸クイーン」（9月）
❹多汁で甘味の強いビワ（6月）
❺プラムは果汁に富んだ夏の果物（7～8月）
❻多汁で甘い「幸水」（9月）
❼濃厚な味の「筑水」（7～8月）
❽品質がよく貯蔵性の高い「新高」（9～10月）
❾甘味も酸味もある「かおり」（9月）
❿果肉がやわらかな「菊水」（8月）
⓫さわやかな口あたりの「紅玉」（10月）
⓬「国光」などの酸味の強いリンゴ
⓭愛くるしい小果「アルプス乙女」（8～9月）
⓮甘くて酸味のあるキウイフルーツ（11月）

㉒栗は秋の味覚の代表（9～10月）
㉓みずみずしい青切りミカン（9～10月）
㉔ユズは果汁、果皮とも重宝する（10～11月）
㉕梅酒や甘煮に向く青梅（6月）
⑮追熟させると芳香の強い洋梨（9～10月）
⑯果肉がなめらかで果汁の多い桃（7～8月）
⑰独特の甘味と香りのイチジク（8～9月）
⑱適度な甘味と酸味のプルーン（7月）
⑲やみつきになる味わい完熟ヤマモモ（6月）
⑳楊貴妃が愛した桃科の「バントウ」（8月）
㉑カロテンなどの含有量が多い柿（9～10月）

動物たちも果樹園のメンバー

園内ではヤギ、鶏、ウサギ、子豚、合鴨などを飼育。これらの生き物に除草を手伝ってもらったりします。また、来園する消費者の方々に動物にじかに触れていただき、大いに楽しんでもらっています。

放し飼いの鶏とシャモ

園地で草を食む羊

除草に一役かう合鴨

ウサギは来園者のマスコット

ミニ豚は果樹園の人気者

愛くるしい3匹の子ヤギ

常連さんの多い果物直売所として

直売所は、もともとは軒先の小さな売り場。果物店のような体裁を整えたのは娘が受け継いでから。品揃えの中心は、もちろん朝早く収穫したばかりの果物。目利きの常連さんなどから「もぎたてだから新鮮でおいしいわ」と言われるとうれしくなります。

収穫したばかりの果物が並ぶ直売所

直売所はリピーター客が多い

もぎたての梨が並べられる

ミニ豚にエサを与える（娘の裕紀子さん）

収穫した梨を直売所へ運ぶ（娘婿の雅昭さんと孫の欣一くん）

果物加工施設が私の城

道路をはさみ、直売所の真向かいにあるのが食品加工施設。孫たちが出入りすることもあり、「ばぁばの手果房」と名付けていますが、いたずら部屋であったり、私の城でもあります。ここでジャム、マーマレード、ジュース、シロップ煮、フルーツパンなどをつくり、製品化します。

ノドに効く梨あめを製造

加工施設「ばぁばの手果房」

ミカンジュース（原料は左が青切りミカン、右が完熟ミカン）

プレザーブタイプのイチゴジャム

びん詰めのジャム製品いろいろ

贈答用にも喜ばれる栗の甘露煮

2
章

ホームメードのフルーツレシピ

ユズのマーマレード（手前）とジャム

香りも味わいも格別
新鮮イチゴジャム

イチゴの形を残したままのプレザーブ・スタイルのジャムです。イチゴは完熟の、なにより新鮮なものでつくってください。香りも味わいも断然違ってきます。手づくりならではのおいしさです。

●つくり方

❶イチゴは洗ってヘタを取り、ホウロウの鍋に入れる。

❷木ベラを使ってイチゴの約1/3をつぶし、分量の1/2のグラニュー糖をまぶして1時間ぐらいおく。

❸鍋を火にかけ、沸騰してきたらアクを取り、残りのグラニュー糖とレモン汁を加える。

❹木ベラでかき混ぜ、アクを取りながら煮つめる。

❺木ベラで混ぜたとき、鍋底が見える程度にとろみがついたら出来上がり。

◆材料

イチゴ……1kg
グラニュー糖……400～500g
レモン汁……大さじ1～2

パンやクラッカーに塗って

イチゴのつぶつぶ感を残して仕上げる

ひとくちアドバイス

◎おいしいジャムをつくるには

・新鮮な果実を使いましょう
・鍋はホウロウの厚手が最適
・少量を短時間で煮つめると、味も香りもフレッシュに仕上がります
・アクはこまめに取り除いてください
・グラニュー糖やレモン汁の分量は、果物の味によって加減すること

◎コップテストでジャムの出来上がりを確認

水を入れたコップに、熱いジャムを上からポトリとたらしてみてください。コップの下まで散らずに落ちれば、ほどよい煮つまり具合。出来上がりの目安にしてください。

上澄みだけの贅沢なおいしさ
イチゴのシロップ

イチゴの自然の色と香り、甘酸っぱい風味がさわやかなシロップです。そのまま水で薄めてジュースとして飲んだり、ヨーグルトに混ぜても美味。旬の時期につくっておくと、とても重宝します。

かき氷にかけたり、寒天やゼラチンでゼリーにして、おやつやデザートにも。子供たちが大喜びします。

鍋に残ったイチゴは「シロップ煮」ですから、もちろんおいしくいただけます。そのまま冷やしてデザートにしたり、ヨーグルトやアイスクリームに添えてもいいですね。

●つくり方

❶イチゴは洗ってヘタを取り、ホウロウ鍋に入れて分量のザラメ（またはグラニュー糖）をふりかけ、汁がにじみ出るまでおく。

❷砂糖が溶け、真っ赤なジュースがにじみ出たら、火にかけ、アクを取りながら煮る。

❸ひと煮立ちしたら火を止め、上澄みを取り分ける。

◆材料

イチゴ……適宜

白ザラメ（またはグラニュー糖）……イチゴの重量の40～80％

にじみ出た上澄みだけを取り分けたシロップ

天然の鮮やかな赤色が目にも楽しい

ひとくちアドバイス

澄んだシロップをつくるコツは、あまりかき混ぜないこと。かき混ぜすぎるとにごってしまいます。

ユズ

とろ〜り、ほんのりほろ苦い 大人気のユズジャム

わが家の直売所でも大人気のジャムで、年配の方にもとても喜ばれます。上品な香りと、ほんのりほろ苦い風味が特徴です。

柑橘類の皮は形を残したマーマレードにすることが多いのですが、このジャムは材料を皮ごとミキサーにかけて、とろりと仕上げてあります。

●つくり方

❶ユズは半切りにして汁をしぼり、タネと中袋を取り除く。

❷①のユズ皮を薄切りにし、米のとぎ汁でゆでこぼし、冷まして、流水で洗い流し、ザルにあげておく。

❸ホウロウ鍋に米のとぎ汁を入れ、②を入れて火にかけ、やわらかくなるまでゆでて、水洗いして水けをしぼる。

❹③に分量の1/2のグラニュー糖をふりかけ、しばらくおいておく。

❺皮から汁けがしみ出してきたら、ミキサーにかけてペースト状にする。

❻ホウロウ鍋に⑤を入れ、残りのグラニュー糖を加えて火にかけ、アクを取りながら煮る。とろみがついたら出来上がり。

◆材料

ユズの皮……適宜（約1kg。ユズ20～30個が目安）
グラニュー糖……ゆでこぼしたユズの皮の重量の45～50％
塩……少々
米のとぎ汁……適宜

手づくりならでは ユズのマーマレード

皮の形を残して、スタンダードなマーマレードに仕上げました。ユズのジャムはあまり市販されていませんから、手づくりならではの風味が楽しめます。

市販のオレンジマーマレードとは、ひと味もふた味も違った香りと味わいを堪能してください。

●つくり方

❶ユズの皮を洗って薄切りにし、たっぷりの水の中でつかみ洗いをする。二〜三度水替えをして、よく洗い、ザルにあげて水けをきる。

❷ホウロウ鍋に①を入れ、米のとぎ汁をひたひたになるまで注いで火にかけ、煮る。

❸ユズ皮がやわらかくなったら火を止め、汁が冷めるまでそのままおいておく。

❹流水できれいに洗って水けをしぼり、重さを量って砂糖の量を決める。

❺ホウロウ鍋に④を入れ、砂糖の1/3量とひたひたの水を加えて火にかけ、アクを取りながら煮る。

❻残りの砂糖を二〜三度に分けて加えながら煮て、とろみがついたら出来上がり。

◆材料

ユズの皮……適宜（約1kgが目安）
グラニュー糖……ゆでたユズの皮の重量の45～50％
米のとぎ汁……適宜

ひとくちアドバイス

◎**アク抜きをしっかり**
柑橘類の皮にはアクと苦みがあります。塩水と米のとぎ汁を使うのは、このアクと苦みを取るためです。流水にさらすのは、塩抜きとアク抜きのためです。面倒なようですが、丁寧にすることで仕上がりの味が違います。

◎**残ったユズの汁の使い方**
ユズジャムやマーマレードをつくるとユズの汁が多量に残りますが、製氷皿に入れてキューブ状に凍らせ、ビニール袋に入れて冷凍保存しておくと便利です。ハチミツと水を加えてユズジュースにしたり、ドレッシングやポン酢など、お料理の香りづけにお使いください。

◎**簡単、おいしいホットドリンク**
湯飲みにユズマーマレードを入れ、熱湯を注ぐだけ。からだがホカホカに温まります。

皮を生かしたユズのマーマレード

まだ青いユズ。やがて熟し黄色に

ピリリときかせるかくし味
生ユズコショウ

青ユズや青トウガラシの出回る初夏から夏につくっておけば、一年中楽しめます。便利な保存調味料です。ピリリと辛く、口いっぱいにユズの香りが広がります。

水炊き、湯豆腐、鍋物、うどんなどの薬味に。カマボコやチクワに少量ずつはさんだり、のせても美味。

●つくり方

❶青トウガラシはヘタとタネを除き、薄切りにしてすり鉢でするか、フードプロセッサーにかけてペースト状にする。

❷青ユズは洗って、目の細かいおろし金で皮の青い部分だけをすりおろし、変色しないよう少量の塩を混ぜておく。皮の青い部分だけをむいてフードプロセッサーにかけてもよい。

❸①に②を加え、残りの塩を加えて、よく混ぜ合わせる。

❹小さめの容器に詰め、上からぎゅっと押さえつけて空気を抜き、ふたをして冷蔵庫で保存する。

◆材料

青ユズの皮……50g
青トウガラシ（タネを取り除いて）……25g
塩……約20g（ユズ皮と青トウガラシの合計の30％）

ひとくちアドバイス

青トウガラシを素手で触ると、辛みの成分で肌がヒリヒリします。この手でうっかり顔に触れたり目に入ったら大変。必ずゴム手袋をはめて作業してください。

赤や黄の彩りも楽しい
粉末ユズコショウ

塩を加えない、乾燥粉末タイプのユズコショウ。ユズ皮は、天日干しのほか電子レンジを使えば、色落ちせずに手早く出来上がります。

ユズ皮とトウガラシの色の組み合わせで、ユズコショウの色合いが変わります。青ユズと青トウガラシ、黄ユズと青トウガラシ、黄ユズと赤トウガラシといった組み合わせを楽しんでください。色のバリエーションが楽しめます。

●つくり方

❶ユズの皮をむく。トウガラシは生の場合はタネとヘタを取っておく。

❷①を平らな耐熱皿に重ならないよう広げ、電子レンジでカラカラに乾かす。ザルなどに広げて天日干ししてもよい。

❸細かく刻んで一緒にすり鉢ですり混ぜるか、フードプロセッサーにかけて粉状にする。

❹密閉容器に入れて冷蔵庫で保存する。使う分だけ小さな容器に取り分けて食卓へ。

◆材料

ユズの皮（青または黄）……適宜
トウガラシ（赤または青。乾燥でも生でも）……乾燥した状態で、乾燥したユズ皮の重量の $\frac{1}{2}$ 〜 $\frac{1}{3}$

ひとくちアドバイス

電子レンジ乾燥のコツは、加熱時間は1回につき1～2分が目安。いったん取り出して上下を返して乾燥状態を確かめる、を繰り返して、徐々に乾燥すると、ムラなくきれいに仕上がります。

ユズ皮とトウガラシの取り合わせで色違いの仕上がりに

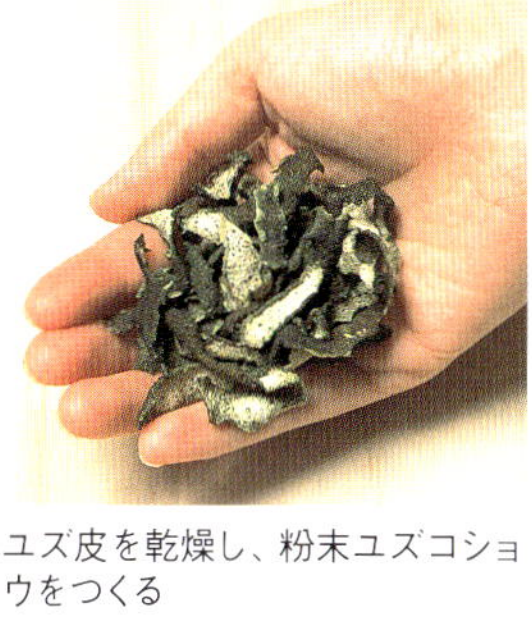

ユズ皮を乾燥し、粉末ユズコショウをつくる

生ユズコショウをほんの少しのせて

甘酸っぱく香り高い
青梅ジャム&完熟黄梅ジャム

新鮮な青梅でつくった青梅ジャムは発色のよいグリーンでさわやかな風味。完熟黄梅でつくったジャムは、香り高く深い味わいがあります。どちらもおいしく、自然の恵みの懐の深さを感じます。梅の酸味が強いので、砂糖の量は他のジャムより少し多めにしましょう。

●つくり方

❶梅は洗ってヘタを取り、ホウロウ鍋に入れて、たっぷりの水をはる。

❷①の鍋を火にかけ、沸騰したら火を止めて、そのまま冷めるまでおく。

❸②のゆで汁を流し、新しい水をはって、1時間ほどつける。

❹梅をザルにあげて水けをきり、裏ごしする。裏ごしした梅の重量を量ってグラニュー糖の量を決める。

❺ホウロウ鍋に裏ごしした梅と分量の½のグラニュー糖を入れて火にかけ、アクをすくいながら煮る。

❻残りのグラニュー糖を加えて煮つめて、出来上がり。

◆材料

梅（完熟黄梅または青梅）……1kg
グラニュー糖……裏ごしした梅の重量の50～60％

青梅ジャムはさわやかな香り

完熟した梅でつくる黄梅ジャム

ひとくちアドバイス

青梅のグリーンを鮮やかに残すには、銅鍋を使いましょう。銅鍋は内側をすずメッキしていない、すべて銅でできているものを使用します。ゆでた直後は青梅の色があせたように見えますが、1日そのまま冷ましておくと、鮮やかな青緑色に変わります。

井上家では毎年、大量の梅干しを漬ける。孫の真祐花ちゃん、琴満ちゃんと一緒に梅の天地返し

青梅ジャム
黄梅ジャム

実はお茶うけにも
梅シソジュース

青梅のさわやかな香りとシソの風味が楽しめるジュースです。冷たい水で、または熱いお湯で5～6倍に薄めてお召し上がりください。赤ジソがまだ出回っていない時期には、青梅だけを先に漬けておいて、後からシソを加えるとよいでしょう。

◆材料

青梅……1kg
グラニュー糖……1kg
酢……1カップ
焼酎……1カップ
赤ジソ……50～100g
塩……少々

●つくり方

❶梅はヘタを取り、きれいに洗う。ザルにあげて水きりし、筋目に包丁で切れ目を入れて、塩少々をふってもみ、30分くらいおくとタネ離れがよくなる。
❷①の梅を水洗いし、水けをふく。
❸まな板の上に②の梅をのせ、木ベラで1個ずつ押しつけると2つに割れる。中のタネを取り除く。
❹赤ジソに塩少々をふり、よくもんでアクを出し、さっと水洗いする。かたくしぼって酢少々（分量外）をふりかけてもみ、きれいな赤色に発色させる。
❺③の梅を清潔なふきんで丁寧にふき、水分を完全にふきとっておく。
❻全部の材料を入れて混ぜ合わせ、保存びんに入れて冷暗所に保存する。1か月ほどで飲みはじめることができる。

漬け込んだ梅シソジュースの梅の実はお茶うけなどに

収穫したばかりの青梅

ひとくちアドバイス

梅の実は1～2か月で取り出し、別容器に入れて冷蔵庫で保存する。お茶うけやお菓子、パンなどの材料にお使いください。

好みの濃さに水で割ってジュースに

つくって１か月ほどで飲める。梅の実は１～２か月で取り出して別に保存を

語り継ぎたい先代の味

梅の甘露煮

私が嫁いだころ、梅の季節になると、先代（義母）が、この甘露煮をつくってくれました。材料は梅と砂糖だけなのに、一つひとつの手間と技が結集したコクのあるおいしさに心を打たれ、感激して食べたものです。

夏の暑い日には冷凍して食べると美味。天ぷら衣をさっとつけて揚げ、小粋な器に盛れば、最高のおもてなし料理になりますよ。

つくり方

❶梅は洗って竹串で10カ所くらい穴をあける。ホウロウ鍋に梅とたっぷりの水を入れて火にかける。

❷鍋の湯温が80℃になったら火を止め、冷めるまでおく。

❸梅をくずさないよう静かに水を取り替え、さらに2～3時間おく。

❹もう一度③の作業を繰り返す。

❺梅の水けをきり、重量を量ってグラニュー糖の量を決める。

❻銅鍋に梅、分量の1/3のグラニュー糖を入れ、かぶるくらいの水を注いで火にかける。沸騰直前で火を止め、そのまま冷めるまでおく。

❼冷めたら再度1/3量のグラニュー糖を加えて火にかけ、⑥の作業を繰り返す。

❽残りのグラニュー糖を加え、もう一度火にかけて、沸騰直前で火を止める。煮汁につけたまま冷まし、冷蔵庫で冷やして召し上がれ。

◆材料

青梅……1kg

グラニュー糖……ゆでこぼした梅の重量の80％

ひとくちアドバイス

新鮮な青梅を使ってください。形をくずさずきれいに煮上げるために、梅のひと粒ひと粒を丁寧に扱いましょう。沸騰させるのは禁物。温度計を用意するのがベストです。料理用の棒温度計がデパートなどのキッチン用品コーナーにあります。

ヒスイのような美しい仕上がり

梅の甘露煮を使って

簡単ぎゅうひ巻き

和菓子づくりは難しいと思っている人が多いようですが、実はクッキーやケーキを焼くより簡単。ぎゅうひは電子レンジを使えば手早くできます。急なお客さまのおもてなしにもどうぞ。

◆材料（10～15個分）

白玉粉……150g
砂糖……120g
水……180cc
梅の甘露煮……10～15個（梅の大きさによって加減してください）

●つくり方

❶梅の甘露煮は汁けをきっておく。

❷ボウルに分量の白玉粉と砂糖を入れ、水を少しずつ加え、全体がなめらかになるようによく混ぜる。

❸耐熱容器に②を入れ、軽くラップをかけて電子レンジで2分加熱する。

❹③の生地（ぎゅうひ）を取り出し、力を入れてよくこねる。

❺④を電子レンジで2分加熱し、取り出して再びよくこねる。片栗粉をふった器にとって10～15等分する。

❻手の平に⑤をのせ、丸く形を整えて中央をへこませ、①の梅をのせて包む。形を整えて出来上がり。

中に梅の甘露煮を入れた簡単和菓子

ひとくちアドバイス

甘露煮の煮汁に水を加えて3倍に薄め、寒天かゼラチンで固めると梅ゼリーになります。

わが家の常備薬

伝承の梅肉エキス

夏バテ、消化不良、下痢、二日酔い、車酔い、食あたり……に、箸の先に少量（耳かき1杯程度ともいう）つけてなめるだけ。江戸時代の医学書にも書かれている由緒正しい民間薬です。

先代の義母は勉強家で、昔の医学書、いわゆる「赤本」を手元に置いて活用していました。1年分の梅肉エキスをつくるために、瀬戸びきのおろし器で大量の青梅をすり、その汁を土鍋で煮つめていた姿が思い出されます。その技術を受け継ぎ、私も家族の健康維持に役立てています。

一度に梅5kg分以上はつくりたいものです。作業には少々根気がいりますが、ぜひ伝えたいレシピですので、ここに記します。参考にしていただければ幸いです。

◆材料

青梅……適宜

●つくり方

❶青梅は水洗いしてザルにあげ、ふきんで水けをよくふく。

❷梅が少量なら陶製のおろし器ですりおろし、ふきんに包んで汁をしぼる。多量の場合は、しゃもじやヘラで押しつけるようにして種を取り、ジューサーで汁をしぼる。

❸しぼった汁を土鍋に入れ、火にかける。アクをすくい、ふきこぼれないよう火加減に注意して気長に煮込む。

❹最初は青だった汁が茶色になり、やがて黒くなってくると、焦げつきやすいので要注意。ときどき木ベラで鍋底をこそげるようにかき混ぜる。

❺ぷつんぷつんと梅肉が跳ね上がり、タール状のとろみがついてきたら、火を止めて、熱いうちに保存びんに詰める。

ひとくちアドバイス

梅肉エキスは、海外旅行などに持参すると重宝します。しばらくねかせておいたもののほうが、酸味がとんでまろやかになります。

古漬けだって大変身
梅干しの甘煮

お茶うけにお出しすると、ついついみんなの箸が進む一品。塩辛い梅干しや、古くなった梅干しが大変身します。急なお客さまなどのときにも重宝します。

天日干し中の梅。おいしい梅干しに

◆材料
梅干し……1カップ
砂糖（赤ザラメ）……1カップ
日本酒……1カップ
しょうゆ……1/4カップ

●つくり方

❶梅干しは竹串かつまようじで数カ所刺して穴をあけ、たっぷりの水につけて塩抜きする。1日に2回程度水を取り替えながら、2日間水につける。

❷①をザルにあげて水けをきり、ホウロウ鍋に入れ、分量の調味料を全部入れて火にかける。

❸中火でゆっくり煮て、全体にとろりとしたら、出来上がり。

ひとくちアドバイス

梅干しが塩辛い場合は、塩抜きの時間を長めにして加減してください。

ご飯にもおかずにも合う
万能の梅みそ

白いご飯にのせて食べてもおいしく、おにぎりにも最適。つくりおきができて、肉、野菜、麺類など幅広い料理に調味料や薬味として利用できます。砂糖はマイルドな甘さのきび糖や赤ザラメをおすすめしますが、上白糖（普通の砂糖）を使ってもかまいません。

◆材料
完熟梅……1kg
合わせみそ……1kg
きび糖（または赤ザラメ）……750g

●つくり方
❶梅は洗って水けをよくきっておく。
❷梅、みそ、きび糖を合わせてふたつきの密閉容器に入れ、常温で1～2日おいてなじませる。
❸ホウロウ鍋に②を入れ、火にかけて煮込む。梅の実がくずれてきたら、裏ごししてタネを取り除く。
❹再びホウロウ鍋に入れて火にかけ、木ベラでかき混ぜながら、とろりとするまで練り上げる。

ひとくちアドバイス
完熟梅でも青梅でもどちらでもつくれますが、完熟梅のほうが香りよく仕上がります。

元気がでてくる
応用自在の梅びしお

おかゆやお茶うけに、湯豆腐の薬味に、野菜や魚のあえものに……簡単にできて、いろいろに使えます。

●つくり方
❶梅干しは竹串で刺して穴をあけ、たっぷりの水につけて半日くらいおく。途中一～二度水を取り替える。
❷ホウロウ鍋に①の梅を入れ、かぶるくらいの水を注いで火にかけて煮る。
❸梅が煮くずれたら、ザルにとって裏ごしし、重量を量ってグラニュー糖の量を決める。
❹ホウロウ鍋に裏ごしした梅とグラニュー糖を入れ、弱火でゆっくり煮つめる。お好みで水あめ少々を加えると照りがよくなる。

◆材料
梅干し……適宜
グラニュー糖……裏ごしした梅の重量の60～80％
水あめ……少々（お好みで）

イチジク

もう一品ほしいときに

イチジクの梅みそ蒸し

とても簡単なお料理ですが、見た目も美しく、味わいも上品。イチジクはかためのものを使ったほうが、きれいに仕上がります。

つくり方

❶イチジクは洗って皮をむき、1個ずつ小鉢に入れる。蒸気の上がった蒸し器に入れて、5～7分蒸す。

❷梅みそは分量の酒でのばし、火にかけて練っておく。

❸蒸し上がったイチジクに②をかけて食卓へ。

◆材料

イチジク……4～5個

梅みそ（p34）……大さじ2

酒……大さじ1

梅みそをかけて

固定ファンの多い逸品
イチジクジャム

生で食べるのは苦手だけれど、ジャムにしたら大好き！　という方が多いのが、このイチジクジャム。材料のイチジクは、中までよく熟したものを使いましょう。イチジクの甘さによって、砂糖の量は加減してください。

●つくり方

❶イチジクは洗って皮をむく。重量を量ってグラニュー糖の量を決める。

❷ホウロウ鍋に①、グラニュー糖、レモン汁を入れて火にかけ、木ベラで軽くつぶしながら煮る。

❸アクをすくいながら煮つめ、とろみがついたら出来上がり。

自然の甘味が舌にやさしい

◆材料

イチジク……1kg

グラニュー糖……皮をむいたイチジクの重量の45～50％

レモン汁……$\frac{1}{2}$個分

秋には熟し、食べごろに

7月。まだ青いイチジクの実

桃のコンポート

とろり至福の味わい

とろけるような舌ざわり。桃独特の上品な香りが濃縮されて、生でいただくのとはまた違ったおいしさです。桃の香りとほどよい甘さをお楽しみください。

●つくり方

❶ホウロウ鍋に、分量の水とグラニュー糖、レモン汁を合わせておく。

❷桃は洗って半分に切り、タネを取り除いて皮をむき、①の中に入れる。

❸鍋を火にかけ、沸騰したらアクを取りながら煮る。桃が透き通ってきたら出来上がり。

❹煮汁（シロップ）につけたまま冷まし、冷蔵庫でよく冷やして食卓へ。

◆材料

桃……適宜
グラニュー糖……500ｇ
水……10カップ（2ℓ）
レモン汁……1個分

とろけるような食感。コンポート（シロップ煮）の味わいはまた格別

びんに入れ、密封して保存を

ひとくちアドバイス

◎きれいに仕上げるコツ

桃は少しかためのものを選びましょう。形がくずれずきれいに煮上がります。

桃を切って放置しておくと、酸化して色がきたなくなります。桃を切る前にシロップ液をつくり、切った桃はすぐにシロップ液に入れましょう。

収穫のときを待つ

桃のふんわりネクター

コンポートを使って

シロップ煮が余ったり、うっかり煮くずれさせてしまったときでも、ネクターにすれば、おいしくいただけます。

◆材料

桃のコンポート……適宜
煮汁（シロップ）……適宜
氷……適宜

●つくり方

材料を全部一緒にミキサーにかけるだけ。甘味が強すぎるときには、水を加えて加減してください。

直売所「ふるうつらんど井上」の店頭で

楊貴妃が好んで食べたという桃科の「バントウ」

ネクターは泡立つような、なめらかな舌ざわり

皮と果汁がたっぷり
夏ミカンのマーマレード

◆材料
夏ミカン……3個
グラニュー糖……450～500ｇ
（アク抜きした皮としぼった果汁の重量の合計の45～50％）
米のとぎ汁……適宜

皮と果汁の両方を使ってつくる、夏ミカンのおいしさがギュッとつまったマーマレードです。

　パンやお菓子に塗るほか、熱湯を注いでホットドリンクとしていただいても美味です。

●つくり方

❶夏ミカンは皮をむく。包丁などで、なるべく表皮を薄くむくようにする。果肉は小袋の上下を包丁で切って中身を出しておく。

❷皮を薄切りにしてホウロウ鍋に入れ、たっぷりの米のとぎ汁を注いで火にかけ、ゆでる。皮がやわらかくなったら火を止め、そのまま冷めるまでおいておく。

❸②の皮を取り出し、きれいに水洗いしてホウロウ鍋に入れ、再びたっぷりの水を入れて火にかけ、ゆでこぼす。この作業を2回繰り返す。

❹ゆでた皮を洗って水けをきる。

❺①でとっておいた果肉をしぼって果汁をとる。ゆでた皮と果汁の重量を量り、グラニュー糖の分量を決める。

❻ホウロウ鍋にゆでた皮と果汁を入れ、分量の1/3のグラニュー糖を入れて火にかけ、アクを取りながら煮る。

❼グラニュー糖が溶けたら、残っているグラニュー糖の半量を加え、それが溶けたら残りのグラニュー糖を加えて、手早く煮つめる。とろみがついたら出来上がり。

さっと塗って軽食やオードブルに

夏ミカンのピール

皮をお菓子にハーブティーに

ピールとは、柑橘類の皮を乾燥させたもの。砂糖で甘く味つけしたものは、そのまま食べたりケーキやクッキーなどのお菓子に、甘味のないものはハーブティーなどに。新鮮な柑橘類を材料に手づくりしたピールは、色鮮やかで香りが際立ちます。

皮を使うので、有機無農薬栽培や低農薬栽培でワックスがけなどをしていない果物を選んでください。

◆材料

夏ミカン……2個
グラニュー糖……アク抜きした皮の重量の80％
米のとぎ汁……適宜

●つくり方

❶夏ミカンは洗って縦6つ割りのくし形切りに切り、表皮の黄色い部分を、ごく薄く、丁寧にむく。

❷皮をホウロウ鍋に入れ、たっぷりの米のとぎ汁を入れて火にかけ、ゆでる。皮がやわらかくなったら火を止め、冷めるまでそのままおいておく。

❸②の皮を取り出してきれいに水洗いし、たっぷりの水で2回ゆでこぼす。

❹皮をもう一度きれいに洗って水けをきり、重量を量ってグラニュー糖の分量を決める。

❺ホウロウ鍋に夏ミカンの皮と分量の⅓のグラニュー糖を入れ、ひたひたの水を加えて火にかけ、アクを取りながら煮る。

❻グラニュー糖が溶けたら、残っているグラニュー糖の半量を加え、それが溶けたら残りのグラニュー糖を加えて、水分がなくなるまで煮つめる。

❼すっかり水分がなくなったら火からおろし、グラニュー糖（分量外）をまぶして出来上がり。

かむほどに香り立つ。ゼリーのような食感に

ひとくちアドバイス

夏ミカンのほかにイヨカン、ブンタン、ハッサク、レモンなどでもつくることができます。

夏ミカンのピールを使って
しっとりパウンドケーキ

手づくりのピールは香りも風味も格別。ピールをたっぷり加えたパウンドケーキは、香り高く、贅沢な味わい。ティータイムを優雅に演出してくれます。お客さまにお出しして、つくり方を聞かれることも、しばしばです。

◆材料
（パウンド型18×8×6cm1個分）

夏ミカンのピール（p42）……80～100ｇ
薄力粉……100ｇ
ベーキングパウダー……小さじ½
バター……80ｇ
砂糖……60ｇ
卵黄……2個分
牛乳……大さじ1
メレンゲ
- 卵白……2個分
- 砂糖……20ｇ

材料を贅沢に使ったケーキは、贈りものにも最適

●つくり方

◆下準備をする

・バターを量り、常温に出しておく。
・薄力粉とベーキングパウダーを合わせてふるっておく。
・夏ミカンのピールは細かく刻む。
・パウンド型の底に合わせてパラフィン紙を切って敷いておく。
・オーブンを160℃に熱しておく。

◆ケーキをつくる

❶バターを練ってクリーム状にし、砂糖を加えて白っぽくなるまで混ぜる。
❷卵黄を加えて混ぜ、なめらかになったら牛乳を加えてさらに混ぜる。
❸ボウルにメレンゲの材料の卵白を入れて泡立てる。さらに砂糖を加え、ツノが立つまでしっかり泡立ててメレンゲをつくる。
❹②に③のメレンゲの½を加えてさっくりと混ぜ、混ざったら残りのメレンゲも加えて混ぜる。
❺ふるっておいた薄力粉とベーキングパウダーを加え、さっくりと混ぜる。
❻夏ミカンのピールを加え、さっと全体を混ぜる。
❼パラフィン紙を敷いたパウンド型に流し、型の底を台にコンコンと軽く叩きつけて空気を抜く。
❽ゴムベラで中央を軽くくぼませ、160℃に熱したオーブンの中段で約1時間焼く。竹串を刺してみて、タネがついてこなければ焼き上がり。
❾粗熱がとれるまでおき、冷めたら型から出して食べやすい大きさに切る。

鉄分もおいしさもたっぷり プルーンジャム

プルーンは、鉄分やビタミン、食物繊維がいっぱい。日本ではまだドライフルーツのイメージが強いようですが、最近では生のプルーンも、店頭で見かけるようになりました。完熟のプルーンでつくると、とてもおいしいジャムができます。

◆材料

完熟プルーン……1kg
グラニュー糖……タネを除いたプルーンの重量の45～50％
レモン汁……大さじ1

●つくり方

❶プルーンは水洗いし、半分に切ってタネを取り除く。重量を量ってグラニュー糖の量を決める。

❷ホウロウ鍋にプルーンを入れ、分量の½のグラニュー糖をまぶして1時間おいておく。

❸②を火にかけ、アクを取りながら煮る。沸騰してプルーンの形がくずれたら、火を止めて粗熱をとってミキサーにかける。

❹③を再びホウロウ鍋に入れ、残りのグラニュー糖とレモン汁を加えて煮つめる。とろみがついたら出来上がり。

ひとくちアドバイス

プルーンの皮は、むかなくてかまいません。ミキサーにかけるとなめらかになり、ジャムにコクを出してくれます。

とろり、なめらかな仕上がりに

完熟のプルーンを使って

生のプルーンもすっかりおなじみに

際立つ香りとコク
贅沢ブドウジャム

ジャムやブドウ液をつくるのに適したブドウは、キャンベル、ベリーAなど。以前は煮たブドウを裏ごししてつくっていましたが、あるとき、ふと思いついて、皮もタネも一緒にミキサーにかけてみたら、段違いにおいしくなりました。香り高い濃厚な味わいです。以来ずっと、このつくり方がわが家の定番です。

●つくり方

❶ブドウは房からはずして水洗いし、ホウロウ鍋に入れて、レモン汁と分量の½のグラニュー糖を加えて火にかけ、アクを取りながら煮る。

❷ブドウが煮くずれたら火を止め、粗熱をとってミキサーにかける。

❸②を裏ごししてホウロウ鍋に入れ、残りのグラニュー糖を加えて再び火にかけ、アクを取りながら煮つめる。とろみがついたら出来上がり。

◆材料

完熟ブドウ
（キャンベルまたはベリーAなど）
……1kg
グラニュー糖……450～500g
レモン汁……½個分

皮もタネも一緒にミキサーにかけた濃厚な味わい

酸味があり、ジャムやジュースづくりに向く「キャンベル」

「安芸クイーン」は生食がいちばん。加工には向かない

旬の時期には地元ならではの「藤稔」など、いろいろな品種のブドウが並ぶ

両方できて二度おいしい
ブドウジュース&残りジャム

同じブドウから、ジュースとジャムの両方をつくることができる、ちょっと欲張りなレシピです。ジャムは、単独でつくるブドウジャム（p48）より、色や香りが少しあせます。でも、味わいは十分、おいしく仕上がります。

●つくり方

◆ブドウジュースをつくる

❶ブドウは房からはずして水洗いし、ホウロウ鍋に入れてグラニュー糖400～500gとレモン汁½個分を入れて火にかけ、アクを取りながら煮る。

❷ブドウの皮がはがれ形がくずれてきたら、火を止め、果実をザルでこしながら、鍋の液体（ブドウジュース）をボウルにあける。

◆残った果実でジャムをつくる

❸ザルに残ったブドウを裏ご

◆材料
完熟ブドウ
（キャンベルまたはベリーA）……2kg
グラニュー糖……450～600g
レモン汁……1個分

しする。
❹裏ごししたブドウにグラニュー糖50～70gとレモン汁½個分を加えて火にかける。
❺アクを取りながら煮て、とろりとするまで煮つめる。

ジュースをつくった後のブドウを有効活用してジャムに

ブドウジュースは色と香りを楽しんで

直売所では房からとれたりしたブドウをジュース用としてお買い得価格で販売

混ぜるだけで素敵に
ブドウジャムのマーブルヨーグルト

◆材料（4～5人分）
プレーンヨーグルト……350g
生クリーム……$\frac{1}{4}$カップ
ブドウジャム……大さじ2～$3\frac{1}{2}$

ヨーグルトにただジャムを添えるのではなく、ひと手間かけて、おもてなし用のおしゃれなおやつにしてみました。「ひと手間」といっても、種をあかせば、混ぜるだけの簡単さ。素敵なグラスに入れて召し上がれ。

●つくり方

❶ヨーグルトは、清潔で乾いたふきんまたはガーゼに包んで軽くしぼって水きりをする。
❷生クリームを泡立て、①に加えて軽く混ぜ合わせる。
❸ブドウジャムを加え、菜箸を大きく回転させながらざっと混ぜて、白と紫のマーブル模様にする。
❹グラスにそっと盛りつけて、冷蔵庫でよく冷やす。

ひとくちアドバイス
ブドウジャムのほかにも、お好みのジャムでマーブル模様を楽しんでください。

凍らせれば、出来上がり
ブドウのシンプルシャーベット

皮がやわらかくタネのない品種の「ヒムロット」

◆材料

ブドウ（ヒムロットなど）……適宜

自然の恵み、自然の風味をそのままいただくシャーベット。口の中で溶けるブドウの食感がとろ～りと甘く、後味はすっきり。暑い日はもちろん、冬の寒い日にコタツにあたりながらいただくのも格別です。

ブドウはヒムロットなど、皮がやわらかくタネがないものが適しています。でも、あまり品種にこだわらず、巨峰などでもおいしくいただけます。

●つくり方

❶ブドウは房からはずして水洗いし、水けをていねいにふく。

❷そのまま、ビニール袋またはタッパーなどの密閉容器に入れて、冷凍庫で凍らせる。

ひとくちアドバイス

ヒムロットは皮が薄くタネがない、食べやすいブドウです。おいしさと食べやすさでヒムロットがいちばん適していますが、他の品種も同じように凍らせてシャーベットにできます。

旬の時期にまとめて凍らせておいて、好きなときに食べる量だけ冷凍庫から出して楽しみましょう。いったん解凍してしまうと、色が悪くなり味も落ちてしまいます。

ブドウのシソ巻き砂糖漬け

自然が織りなすハーモニー

赤ジソの香りと、ブドウのつるんとした食感のハーモニーが楽しいデザートです。生のブドウは常温でおいておくと発酵してしまうので、必ず冷蔵庫で漬け込んでください。

●つくり方

❶ブドウは洗って房からはずし、水けをきっておく。

❷赤ジソの葉を洗い、全体に塩をふってしばらくおき、押さえつけるようにしてアクを出す。水洗いして酢少々をふって赤く発色させる。

❸シソの葉1枚を手のひらに広げ、ブドウを1粒のせて巻く。この作業を繰り返して全部のブドウを巻く。

❹保存びんにグラニュー糖少々を入れ、その上にブドウを平らに並べる。

❺1段並べたら、グラニュー糖をふって、またブドウを並べる。この作業を繰り返し、最後に上から残った砂糖をふって、平らにならす。

❻ふたをして冷蔵庫へ。ときどき、びんを上下にゆすったり、転がしたりして液を全体になじませる。グラニュー糖が全部溶け、液があがってきたら食べはじめられるが、食べごろは2週間ほど漬けたころ。冷蔵庫で2～3か月くらいは保存できる。

◆材料

ブドウ（ヒムロットなど）……適宜
グラニュー糖……ブドウと同量
赤ジソ……ブドウの粒と同じ枚数
塩……少々
酢……少々

シソの中からブドウが顔を出す

冷蔵庫で2～3か月は保存できる

ひとくちアドバイス

ヒムロットなど、タネなしの、皮のやわらかいブドウが適しています。

液が出ないときには、少量のシロップ液（同量のグラニュー糖と水を火にかけ、グラニュー糖が溶けたら火を止めて冷ます）をつくって、ふりかけてください。

収穫したばかりの「ヒムロッド」

色鮮やかで香りも抜群
フルーツゼリー3種

お好みのジュースや梅の甘露煮などを寒天やゼリーで固めて、手軽でヘルシーなデザートに。色の取り合わせの楽しい、ブドウゼリー、ミカンゼリー、梅ゼリーをつくってみました。流し缶に入れて切り分けてもよいのですが、小さなかわいらしい容器に入れて直接流し固めれば、食べやすく素敵です。

●粉寒天を使ったつくり方

❶鍋に分量の粉寒天と水を入れ、火にかける。

❷沸騰し、寒天が完全に溶けたら好みのジュース、または裏ごしした梅の甘露煮を汁ごと加えてかき混ぜ、火からおろす。

❸容器をさっと水でぬらし、粗熱をとった②を流し入れる。冷めたら冷蔵庫に入れて冷やし固める。

●ゼラチンを使ったつくり方

❶分量の粉ゼラチンに水大さじ2（分量外）をふりかけ、ふやかしておく。

❷鍋に分量の水と好みのジュース、または裏ごしした梅の甘露煮を汁ごと入れて火にかけ、煮立ったら①を入れてよく混ぜる。

❸ゼラチンが完全に溶けたら火からおろし、粗熱をとって水でぬらした容器に流し入れる。冷めたら冷蔵庫に入れて冷やし固める。

ひとくちアドバイス

鍋に直接振り入れて使える粉寒天は、ふやかす手間がいらないので便利で手軽。大きくつくって切り分けたり、型抜きしても楽しいですよ。きれいにつくるコツは、沸騰してきたらアクを取ることです。

◎粉寒天を使ったつくり方

◆材料（3～4人分）

ブドウジュース（p50）、
またはミカンジュース（p82）、
または梅の甘露煮（p30）……カップ1½
＊ブドウゼリーにはブドウジュース、ミカンゼリーにはミカンジュース、梅ゼリーには梅の甘露煮を使用。
水……カップ1½
粉寒天……大さじ1

◎ゼラチンを使ったつくり方

◆材料（3～4人分）

ブドウジュース（p50）、
またはミカンジュース（p82）、
または梅の甘露煮（p30）……カップ½
水……カップ1
粉ゼラチン……5g

小ぶりのリキュールグラスなどに流し入れても素敵

白の器に映えるミカンゼリー、梅ゼリー

ミカンゼリー
梅ゼリー
ブドウゼリー

予約が殺到する人気商品
栗のじっくり渋皮煮

栗の渋皮煮は、わが家の直売所で一二を争う人気商品で、毎年、たくさんの予約が入るほど。

じっくりと煮含めた栗を食べると、凝縮された濃厚な甘味とうまみが口いっぱいに広がって、こたえられないおいしさです。栗の皮をむくのは面倒な仕事ですが、これだけ味わい深く仕上がるのなら、手間ひまのかけがいもあるというものです。

◆材料

栗……1kg
重曹……大さじ1
砂糖……鬼皮をむいてゆでた栗の重量の80％
洋酒（コアントローなど）……好みで少々

煮汁につけたまま冷まして味を含ませる

●つくり方

❶栗は渋皮を傷つけないよう注意して鬼皮だけを丁寧にむく。

❷鍋に①を入れ、かぶるくらいの水を注いで重曹を加え、火にかける。沸騰したら火を弱め、約15分間ゆでて火を止めて、冷めるまでそのままおいておく。

❸ゆで汁を捨て、栗をきれいに水洗いして、残った筋を取り除く。

❹鍋に③を入れ、たっぷりの水を注いで火にかけ、沸騰したら3～5分ゆでる。この作業を2回繰り返す。

❺ゆで上がった栗の重量を量り、砂糖の分量を決める。

❻鍋に栗を入れ、分量の1/4の砂糖を加え、かぶるくらいの水をはって火にかける。アクを取り、沸騰したら2～3分煮て火を止め、煮汁につけたまま冷ます。

❼残りの砂糖の1/3を加えて再び火にかけ、⑥と同じ作業をする。これを3回繰り返す。途中、アクはこまめに取り除く。

❽煮上がったら、煮汁につけたまま冷ます。出来上がりに、お好みでコアントローを少々加えてもよい。

ひとくちアドバイス

渋皮煮を上手につくるためには、拾いたての新鮮な栗を使うこと、渋皮を傷つけないよう丁寧にむくこと、アクをこまめに取ること、砂糖は一度に加えないことが大切です。砂糖を一度に入れると、栗がかたくなってしまいます。

直売所では栗をイガごと販売することも

実りの秋本番。さっそく栗の渋皮煮や甘露煮づくりに取りかかる

びん詰めシロップが決め手

栗の鮮やか甘露煮

栗の保存には、甘露煮や渋皮煮がおすすめです。

生の栗をそのまま冷凍保存すると、色が悪くなってしまうのが難点。熱湯でさっとゆでてから、保存袋に入れて冷凍保存してもかまわないのですが、ひと手間かけて甘露煮にしておくと、色鮮やかで、急な折にもすぐ使えます。

煮汁とは別に、びん詰め用シロップをつくって栗をつけるのがポイント。にごらず、きれいに仕上がります。もっとも家庭で食べるなら、煮汁を利用してもOKです。

◆材料

栗……1kg
焼きミョウバン……大さじ1
クチナシの実……2個
酢……大さじ1
砂糖……250g
びん詰め用シロップ
- 水……2カップ
- グラニュー糖……250g

●つくり方

◆甘露煮を煮る

❶ボウルに500～700ccの水を入れ、焼きミョウバンを加えて溶かしておく。

❷栗は鬼皮と渋皮をむく。厚めにむいたほうがきれいに仕上がる。むいた栗は①に入れてつけておく。

❸ホウロウ鍋に500ccの水を入れ、酢を加える。

❹クチナシの実を半分に切ってガーゼに包んで③の鍋に入れ、色が出るまでつけておく。

❺②の栗をきれいに水洗いして④に加える。クチナシの汁が栗に十分つかっている状態で（足りなければ水を足す）火にかける。

❻沸騰したら中火にして約15分ゆで、ザルにあげて水洗いする。

❼鍋にゆでた栗と砂糖を入れ、かぶるくらいの水をはって火にかける。

❽沸騰したら中火にして約15分、少しかために煮る。火を止めて、煮汁につけたまま冷ます。

◆びん詰めで保存する

❾びんを消毒する。鍋にびんと、びんがかぶるくらいの水を入れて火にかける。沸騰したらびんが揺れて割れない程度に火を弱め、約15分煮る（煮沸消毒）。取り出して、清潔なふきんの上に伏せておく。

❿びん詰め用シロップをつくる。鍋に分量の水とグラニュー糖を入れて火にかけ、溶けたら火を止める。

⓫⑨に栗の甘露煮を入れ、熱いシロップを口まで注ぎ、軽くふたをする。

⓬脱気する。⑪のびんを蒸気の上がった蒸し器に入れて、約15分蒸す。

⓭びんのふたを強くしめ、逆さまにして冷めるまでそのまま置く。後は常温で保存する。

むいた栗は焼きミョウバン水
につけておく

栗の皮は底部からむいていくとよい

新鮮な栗でつくれば色もきれいに

少しつぶつぶ感を残して

ほのぼの栗ペースト

渋皮煮を使えば褐色の、甘露煮を使えば黄色のペーストになります。煮くずれたり、形がきれいでないものを有効活用したいと考案しました。

ペーストは、なめらかにしすぎないよう、少しつぶつぶ感を残すのがポイント。パンやクラッカーにつけて、お召し上がりください。

●つくり方

❶栗と煮汁をミキサーにかけるか、すり鉢ですってペースト状にする。

❷ホウロウ鍋に①を入れて弱火にかけ、木ベラでかき混ぜながら練る。

❸味見をして、甘味が足りないときは砂糖を加え、とろりとするまで練る。好みで、火を止める寸前に洋酒を加えてもよい。

◆材料

栗の渋皮煮または甘露煮（くずれたり、形の悪いものでよい）……適宜

栗の煮汁またはシロップ……適宜

砂糖……少々

洋酒（リキュールまたはブランデー）……好みでほんの少々

栗の渋皮煮でつくったペースト

豆は「ささげ」がおすすめ

栗たっぷり赤飯

◆材料
もち米……3カップ
ささげ……30g
水……ささげのゆで汁と合わせて1½カップ（もち米の5割）
塩……小さじ½
栗の甘露煮……適宜（10個ぐらい）

お赤飯というと「小豆」を連想しがちですが、「ささげ」を使います。煮ても皮が破れず、きれいに仕上がります。サヤの先が上に反り返り、物を「捧げる」手の形に似ているためこの名がついたという「ささげ」には、赤色、黒色、褐色、白色、白赤斑のものがありますが、お赤飯に使うのは赤いもの。また黒ささげも実際には濃い紫色で、煮汁は赤いため、お赤飯に使えます。

栗は甘露煮を利用しますが、なければ皮をむいた生栗を米と一緒に加えてください。

●つくり方

◆もち米とささげの準備をする

❶もち米は洗い、たっぷりの水に半日（最低でも1時間以上）つける。

❷ささげは虫くいなどを取り除いて洗い、水に半日くらいつけておく。

❸ささげの水けをきって鍋に入れ、新たにかぶるぐらいの水を注いで火にかけ、沸騰したら、ゆで汁をボウルにとる。

❹鍋のささげに新しい水を注いで再び火にかけ、ややかために煮る。

❺もち米をザルにあげ、水けをきっておく。

◆もち米に豆の色をつける

❻③のゆで汁と水を合わせ、塩を加えて鍋に入れて火にかける。

❼沸騰したら、⑤のもち米を加え、強火で混ぜながら汁を吸わせ、汁けがなくなったら火を止める。

◆蒸す

❽蒸し器にかたくしぼったぬれぶきんを敷き、⑦のもち米を入れる。

❾④のささげの水けをきって⑧に入れ、全体に混ぜ、火の通りがよくなるよう中央部を少しへこませる。

❿ふきんで覆うように包み込み、蒸気の上がった蒸し器に入れて、約25分蒸す。

⓫栗の甘露煮を水洗いして加え、さらに5分蒸す。

⓬蒸し上がったら全体を軽く混ぜる。

栗の甘露煮を入れれば発色もよく手早く仕上がる

ちょっとおめかし
栗の茶巾しぼり

ゆで栗をふきんでちょっとしぼって、和菓子風におめかししてみました。栗はスプーンで中身を取り出し、ざっとつぶします。裏ごしする必要はありません。むしろ、少し栗の形が残っているほうが味わいが出ます。栗をゆでるには、圧力鍋を使うと便利です。

◆材料
栗……（ゆでて皮をむいた分量で）300ｇ
＊皮つきの生の栗で約450～500ｇが目安
砂糖……20ｇ
白あん……15ｇ

●つくり方
❶栗は皮ごと、たっぷりの水で約30分ゆでる。
❷ゆでた栗を縦半分に切り、熱いうちに、スプーンで中身を取り出し、少し粒が残る程度にざっとつぶす。
❸つぶした栗に砂糖と白あんを加え、よく混ぜる。
❹好みの大きさにまとめて丸め、かたくしぼったぬれぶきんに包んで茶巾にしぼる。

ひとくちアドバイス
茶巾にしぼったら、オーブントースターに入れて、表面に香ばしい焦げ目がつくくらいまで焼いたり、冷凍庫で凍らせて食べるのもおすすめです。

揚げるほどに甘味が増す

栗のからりんチップス

秋ならではの贅沢なスナック。油でカラリと揚げることにより、栗の甘味が増して、ひと味違ったおいしさに。

栗はごく薄く、均一にスライスするのがコツです。揚げるとき、ときどき網じゃくしですくって空気に触れさせてやると、色もきれいにパリッと仕上がります。

つくり方

❶分量の水に焼きミョウバンを入れて溶かしておく。
❷栗は鬼皮と渋皮をむき、①のミョウバン水につけておく。
❸②の栗を薄切りにして、再びミョウバン水に入れ、30分つける。
❹③をきれいに水洗いし、ザルにあげて水けをきり、ペーパータオルかふきんで丁寧に水分をふく。
❺揚げ油を170℃に熱し、④を入れてカラッとするまで揚げる。
❻揚げたてに塩少々をふって出来上がり。

◆材料

栗……適宜
焼きミョウバン……小さじ1
水……1½カップ
塩……少々
揚げ油……適宜

薄く均一に切るのはスライサーを使うと便利

軽い食感で、あとをひくおいしさ

リンゴジャム

酸味の強い紅玉が美味

むいた皮も一緒にホウロウ鍋に入れて煮ると、皮の色がジャムに移って、きれいな紅色に発色します。皮は途中で取り出してください。

ジャムづくりには、紅玉など酸味の強いリンゴが適しています。酸味の少ないリンゴを使うときには、レモン汁をやや多めにして、味を調節してください。

●つくり方

❶リンゴは洗って皮をむき、芯を除いて細かく刻み、ホウロウ鍋に入れる。

❷分量の半量のグラニュー糖とレモン汁をかけ、1時間おいておく。

❸リンゴから十分汁がしみ出してきたら火にかけ、アクを取りながら煮る。半分ぐらい煮くずすつもりで木ベラでかき混ぜる。

❹残りのグラニュー糖を加え、さらに煮つめて、とろりとしたら出来上がり。

◆材料

リンゴ（紅玉など）……1kg
グラニュー糖……350〜450g
レモン汁……½個分

半分くらい煮くずす加減でとろりと仕上げる

皮も一緒に煮て、ほんのり紅色に

リンゴが色づきはじめると、果樹園の風景も華やいで

かむほどに味わい深い
天日干しリンゴ

少し形が悪かったり、虫食いだったりするリンゴも、ちょっと手を加えると、風味豊かなお茶うけに。お菓子の材料にもなります。天日干しをするので、お天気が続きそうなときにつくりましょう。

　天日で干すと、いっそう甘味が増します。酸味のあるリンゴを使ったほうが、風味が出ておいしく仕上がります。

◆材料
リンゴ……適宜
グラニュー糖……リンゴの重量の10％

ほどよい酸味が魅力の「紅玉」

小ぶりで真っ赤な「アルプス乙女」

●つくり方

❶リンゴは洗って皮をむき、芯を取って8つ割りにする。重量を量ってグラニュー糖の分量を決める。

❷切ったリンゴに分量のグラニュー糖をまぶしてホウロウ鍋に入れ、半日ぐらいおく。

❸火にかけ、アクを取りながら、汁けがなくなるまで形をくずさないよう煮つめ、火を止めて粗熱をとる。

❹バットや大皿、平ザルなど平たい容器にペーパータオルを敷き、③を重ならないよう広げて天日干しする。

❺ペーパータオルを適宜取り替えながら、表面が乾いて中はしっとりの状態になるまで干す。晴天で4～5日がだいたいの目安。

ひとくちアドバイス

◎お好みでアレンジを楽しんで
　出来上がりにシナモンやココアなどをふりかけたり、一つひとつパラフィン紙に包んだりしても楽しめます。

◎薄切りにしてよく乾燥させても
　ちょっと違った味わいが楽しめます。紅茶に入れればアップルティーになります。日持ちしますが、お天気が悪いと、乾ききれずにカビやすいので気をつけて。

天日干しリンゴ

上は機械干しの参考商品

リンゴジャムやユズのマーマレードなど好みのジャムを包んで

フレッシュなおいしさ

手づくりジャムクレープ

新鮮な果物でつくった手づくりジャムの、フレッシュなおいしさを楽しみます。イチゴでもリンゴでも、お好みのジャムを使って。クレープは薄く薄～く焼いてください。

●つくり方

◆クレープ生地を仕込む

❶薄力粉と砂糖はふるっておく。

❷牛乳を温めておく。

❸ボウルに薄力粉を入れ、中央をくぼませて砂糖を入れ、割りほぐした卵も加える。

❹温めた牛乳を加え、ダマができないようさっと混ぜる。

❺溶かしバターを加えて混ぜる。

❻ぬれぶきんをかけて30分～1時間、生地を休ませる。

◆クレープを焼く

❼フライパンを熱してサラダ油を入れ、油をよくなじませてから、余分な油を捨てる。

❽フライパンをいったん火からはずしてぬれぶきんの上に置き、鍋底をやや冷ましてから中火にかける。

❾クレープ生地を玉じゃくし½ほど流し入れ、フライパンを回して一面に手早く広げる。

❿縁が乾いてフライパンからはがれてきたら、端から菜箸を1本入れ、くるくる回して中央まで巻いたところで持ち上げて裏返す。

⓫裏面は乾く程度にさっと焼いたら、ぬれぶきんを敷いた大皿またはまな板の上にとる。

⓬同様に残りの生地も焼き、重ねておく。

◆ジャムを巻く

⓭イチゴジャム、ブドウジャム、リンゴジャムなど好みのジャムを巻き、半分に切って皿に盛る。

◆材料
(直径18cmくらいのもの12～13枚分)

好みのフルーツジャム……適宜
クレープ生地
- 薄力粉……100ｇ
- 牛乳……1½カップ
- 砂糖……大さじ1
- 卵……2個
- バター……20ｇ

サラダ油……適宜

果物とジャムをたっぷりのせて
季節のフルーツトースト

朝食にもデザートにもなる楽しいレシピです。フレンチトーストに果物をたっぷりのせました。

パンは、残り物の少しかたくなったものでつくったほうが、上手にできます。果物やジャムは季節に応じて、お好みのものでつくってください。

●つくり方

❶ボウルに卵を割りほぐし、牛乳と砂糖を加えて混ぜて、食パンをひたす。

❷フライパンを熱してバターを溶かし、①の食パンを入れて両面を焼く。

❸こんがり焦げ目がついたら取り出して皿に盛る。好みのジャムを塗って、食べやすい大きさに切った果物をのせる。

ひとくちアドバイス

パンを焼くとき、同じフライパンで一緒にハムやベーコンを焼くと、パンに風味がついておいしくなり、手間もはぶけます。休日のブランチなどにおすすめです。

◆材料（1人分）

果物（リンゴ、イチジク、キウイなど）……適宜
好みのフルーツジャム……適宜
食パン（6枚切り）……2枚
牛乳……1カップ
卵……1個
砂糖……適宜
バター……大さじ1

干しリンゴとケールのケーキ

緑濃く、味わいまろやか

抹茶ケーキと見間違えるほどの美しい緑色のケーキです。実はこれ、青汁でおなじみの「ケール」を材料に使っています。

ケールが手に入らないときには、小松菜、キャベツの外葉、カブの葉、レタスなどを使ってください。材料の青菜によって、ケーキの出来上がりの色や味わいが変わってきますが、いずれにしても栄養満点。

ヨーグルトを加えて青菜の風味もマイルドに。干しリンゴの食感と甘酸っぱさが楽しいアクセントになります。

干しリンゴが絶妙のアクセントに

「国光」や「紅玉」など酸味の強いリンゴでつくるとおいしい

●つくり方

◆下準備をする

❶ケールは茎や根元を取り除き、葉の部分だけをちぎって洗い、水けをきっておく。

❷ドーナツ型にサラダ油（分量外）を塗っておく。

❸Aの小麦粉にベーキングパウダーと重曹を合わせてふるっておく。

◆ケーキをつくる

❹フードプロセッサーまたはミキサーに①とBを入れ、なめらかなペースト状になるまでよく攪拌する。

❺ボウルに④の半量を入れ、③を加えて、粉っぽさがなくなるまでゴムベラで混ぜる。

❻全体に混ざったら、残りの④と干しリンゴを加えてさっくりと混ぜる。

❼ドーナツ型に⑥を流し入れ、蒸気の上がった蒸し器に入れて、約25～30分蒸す。竹串を刺してみて、生の生地がついてこなければ出来上がり。

❽型から出してあつあつを、または冷ましてから食べやすい大きさに切って食卓へ。

◆材料
(直径18cmのドーナツ型1個分)

ケール(または小松菜)……100g
干しリンゴ(p68)……少々

A
- 小麦粉(薄力粉)……150g
- ベーキングパウダー……小さじ1
- 重曹……小さじ1

B
- 卵……3個
- 砂糖……$\frac{1}{2}$カップ強
- サラダ油……$\frac{1}{4}$カップ
- プレーンヨーグルト……大さじ3
- 塩……少々

忘れられないおいしさ
梨のシンプルシャーベット

４つ割りにした梨を凍らせて、一気にすりおろすだけ。つくり方はとてもシンプルなのに、びっくりするほどおいしいシャーベットです。口の中でとろける食感が最高です。

梨の品種は幸水ほか何でもＯＫですが、肉質がやわらかく味のよいものを。

●つくり方

❶梨は洗って皮をむき、芯を取って4つ割りにする。

❷①をビニール袋に入れて冷凍庫で凍らせる。

❸凍った梨を食べたい分だけ取り出し、おろし器ですりおろす。

❹スプーンで形を整え、器に盛る。ミントの葉などを飾ってもよい。

4つ割りにした梨を凍らせるだけ

◆材料

梨（幸水ほか）……適宜

ポピュラーな品種の「幸水」

「菊水」は根強い人気を誇る

大きく重量感のある「新高」

藤沢市周辺で栽培されている青梨の「かおり」

自然の甘味だけを濃縮

ノドすっきり梨あめ

砂糖も何も加えずに、梨の甘さだけでつくるあめです。風邪のひきはじめやノドの痛いときに、じんわりと癒されて、とくにおすすめです。

梨の種類によって色や香りが少しずつ違います。出来上がりの量は、最初の果汁の1/10以下になってしまうので、梨がたくさんあるときにつくりましょう。

◆材料

梨……適宜

何も加えずにことこと煮つめ、とろりあめ色に

●つくり方

❶梨は洗って皮をむき、芯を取ってジューサーにかけて果汁をしぼる。

❷果汁を鍋に入れて火にかける。最初は強火、沸騰したら火を弱め、アクを取りながら、ひたすら煮込んでいく。

❸最初は澄んでいた果汁が、だんだん茶色に、そして褐色になる。色がついてくると焦げつきやすくなるので気をつける。黒っぽくとろりとなったら出来上がり。

果物づくしがうれしい
梨入り白あえ

白あえの具はほんのり酸味があるものがおいしいので、果物はまさにぴったり。私はたっぷりの果物を使って、果物づくしの白あえにしてみました。

材料の梨はシャリシャリ感のある品種を、柿はかためのものを選んでください。季節の果物なら何でも、お好みでいろいろお試しください。砂糖は果物の甘味で加減してください。

●つくり方

❶梨、柿、リンゴは皮をむいて芯を取り、1㎝のさいの目切りに。キウイも皮をむいて同じ大きさに切る。

❷豆腐は沸騰した湯に入れてゆで、ふきんに包んで軽くしぼって水きりをする。

❸ゴマは香ばしくいってすり鉢に入れ、よくすって②を加えてすり混ぜる。他の調味料も加え、よく混ぜ合わせる。

❹食べる直前に、①を③であえ、好みでミントの葉を飾る。

◆材料

梨……1個
柿……1/2個
リンゴ……1/2個
キウイ……1/2個
（なければキュウリ1/2本）
木綿豆腐……1/2丁
白ゴマ……大さじ3
（または練りゴマ大さじ1）
砂糖……小さじ1
塩……小さじ1/2
みりん……小さじ1
ミントの葉……少々

梨のほか、キウイやリンゴを加えて彩りよく

ひとくちアドバイス

つくりおきすると、果物から水が出て水っぽくなってしまうので、食べる直前にあえてください。

極上のデザート
柿の洋酒漬け

じっくり1週間ぐらい漬け込んだほうが、味がしみ込んでおいしくなります。ブランデーが入って、ちょっと高級感のある一品です。

●つくり方

❶柿は縦4つ割りにし、皮をむいてタネを取り除く。内側にかくし包丁を5～6本入れておく。

❷分量の水に砂糖を加えて煮立て、さましておく。

❸②にブランデーとホワイトキュラソーを加えて柿を入れ、冷蔵庫で2日～1週間漬け込む。

ひとくちアドバイス

材料の柿はゴマの入っていないものを選ぶと、見た目がきれいに仕上がります。

◆材料

柿（完熟したもの）……2個
砂糖……80g
ブランデー……大さじ3
ホワイトキュラソー……大さじ1½
水……1½カップ

完熟した柿でつくると舌ざわりよく、いっそう美味

冷蔵庫内で1週間ほど漬け込むと食べごろに

柿、梨、アボカドなど水分量の少ない果物を巻いて

意外や意外の大好評

柿のフルーツ寿司

ふと思いついてつくったレシピですが、家族にも大好評。ちょっとしたパーティーなどの席でも喜ばれます。果物は柿のほか、水分が少ないものなら何でも利用できます。

●つくり方

❶米はだしコンブと酒を入れ、やや控えめの水加減で炊き、蒸らしておく。

❷合わせ酢の材料を合わせて火にかけ、砂糖が溶けたら火を止める。

❸果物は皮をむき、巻きやすい大きさに切る。変色しないよう、アボカドにはレモン汁少々をふりかけておく。

❹ご飯が炊けたら、寿司おけまたは大きめのボウルに移し、②をふりかけ、うちわであおぎながら、しゃもじで切るように混ぜて、寿司飯をつくる。

❺巻きすにノリを敷いて寿司飯の1/4量を広げ、③をのせて巻く。形が落ち着いたら切り分けて食卓へ。

◆材料

柿……2個
アボカド……2個
梨……1個
寿司飯
- 米……3カップ
- 酒……少々
- だしコンブ……少々

合わせ酢
- 酢……大さじ4（60cc）
- 砂糖……大さじ3（30g）
- 塩……小さじ1（10g）

レモン汁……少々
ノリ……4枚

洋梨

洋梨のコンポート
形を生かしてシロップ煮に

洋梨のユーモラスな形を生かしたまま、上品な砂糖煮に仕上げました。冷やしてそのまま食べても、ヨーグルトをかけても。タルトやレアチーズケーキなどのお菓子の材料にもなります。生の洋梨とはひと味違った食感と風味をお楽しみください。

●つくり方

❶洋梨を洗って縦4～6つ割りにし、軸に近い部分が少し残るように皮をむき、芯を取り除く。

❷鍋に分量の水と砂糖を入れて火にかけ、砂糖が溶けたら①を入れ、ときどき返しながら煮る。

❸洋梨が透き通り、竹串がすっと通るようになったら火を止め、グレナデンシロップを加えて、煮汁につけたまま冷ます。冷蔵庫で冷たく冷やして食べると美味。

◆材料

洋梨……5個
砂糖……400～500ｇ
水……5カップ（1ℓ）
グレナデンシロップ（市販）……少々
＊グレナデンシロップが入手できなければ、入れなくてもよい。

収穫したばかりの洋梨。まだ青みがかっている

2週間ほど追熟させると食べごろに

自家製だからこその香りを満喫
完熟&青切りミカンジュース

ミカンジュースは、材料のミカンの収穫時期によって酸味、色、香りが違います。完熟ミカンジュースは濃厚な味わいで、手づくりならではの香りが魅力です。安価な出盛りの時期に、まとめてつくってみてください。青切りミカンは、さわやかな風味が持ち味です。手に入ったら、ぜひお試しを。

グラニュー糖の量はミカンの甘さと酸味によって加減してください。

◆材料
ミカン(完熟または青切り)……適宜
グラニュー糖……ミカン果汁の重量の35〜50%

●つくり方
❶ミカンを洗って半分に切り、果汁をしぼる。
❷果汁の重量を量ってグラニュー糖の分量を決める。
❸ホウロウ鍋にミカン果汁と分量の砂糖を入れて火にかける。80℃くらいになり、砂糖が溶けたら火を止めて冷ます。
❹びんに密封して保存を。飲むときは、水で2〜3倍に割るとよい。

ひとくちアドバイス
果汁を煮立ててしまうと香りがなくなるので、沸騰は禁物です。気をつけてください。
ジュースが出来上がったら、少量ずつジッパーつきの保存袋に入れ、冷凍しておくと重宝します。

出盛りの時期にホームメードジュースを

完熟ミカンジュース(右)と青切りミカンジュース、それぞれの風味を楽しんで

フルーツパン

ユズのマーマレードパン

梅パン

栗パン

イチゴの練り込みパン

干しリンゴパン

ブドウ形のパンも
手づくりならでは

ユーモラスな亀の形の
パンに歓声があがる

私は季節のフルーツや野菜を入れたパンを焼き、わが家の直売所や町のお菓子屋さんなどで販売しています。定期的に購入してくださる方も多いので、素材にはとくにこだわっています。旬の素材を加えて、形にも工夫を凝らしたパンづくりは、とても楽しいもの。パンの焼ける香ばしい香りが、家族の「おいしい顔」を運んできます。

最近では、手軽に使える乾燥タイプの天然酵母も手に入るようになりました。基本のパンに季節のフルーツや手づくりジャム、マーマレードなどをプラスした、「わが家のパン」づくりはいかがですか。

（材料と各つくり方はp86〜）

基本のパンのつくり方

●道具を用意する

はかり、計量スプーン、ボウル（大中の2つ）、こね板（なければまな板）、ビニールシートまたはラップ（大ボウルにかぶせる保温用。シャワーキャップが便利）、ふきん、スケッパー、クッキングシート

●下準備をする

・卵とバターは冷蔵庫から出しておく

・ぬるま湯（35〜40℃）を用意しておく

・天然ドライ酵母は、酵母の3倍のぬるま湯（35℃）で溶いておく

●パン生地をこねる

❶強力粉をふるってボウルに入れ、砂糖、塩を加えて混ぜる。

❷ぬるま湯で溶いておいた天然酵母を加え、ぬるま湯（卵を入れるパンの場合は卵も一緒に）を入れて、こねる。

❸最初はべたつくが、少しまとまるようになったらボウルから出し、こね板に叩きつけたり伸ばしたりしているうちに粘りが出て、生地がまとまってくる。

❹バターを加えるパンの場合はここでボウルに生地を戻し、バターを加えて均一に混ぜ、再びこね板に戻す。

❺粉っぽさがなくなり、生地がひとまとまりになったら、きれいに丸める。

●第1発酵

❻中ボウルに薄くサラダ油を引いて⑤を入れる。

❼⑥のボウルよりやや大きめのボウルにぬるま湯（35〜36℃）を入れ、その中に⑥のボウルを入れて、ビニールシートで覆う。

❽約40分保温して、生地が元の2〜2.5倍にふくらむまでおいておく（発酵機能のついているオーブンレンジを使ってもかまわない）。

❾フィンガーテストをする。指に粉をつけて生地を押し、できた穴が押し戻されてこなければ発酵終了。

●第1整形&ベンチタイム

❿生地をこね板に出し、手のひらで軽く押さえてガス抜きをする。

⓫スケッパーで好みの数に等分し、表面がなめらかになる

パンは直売所のほか、市内のお菓子屋さんでも販売

よう整形する。

⓬かたくしぼったぬれぶきんをかけ、10分間生地を休ませる。

●第2整形&第2発酵

⓭⑫をガス抜きし、形を整える。

⓮天板にクッキングシートを敷き、⑬の生地を、とじ目を下にして並べる。生地が発酵してふくらむので、生地と生地の間には十分空間をあけておく。

⓯温度を38～40℃に保って30分、生地が約2倍にふくらむまで発酵させる。

●パンを焼く

⓰オーブンは180℃（ファンのないオーブンの場合は190～200℃）に温めておく。

⓱⑮の生地の表面に好みでとき卵（表面の照り用）を塗り、オーブンに入れて15～18分焼く。香ばしい香りがして、おいしそうな焼き色がついたら出来上がり。

⓲網の上に出して粗熱をとる。

パンは業務用のオーブンで一気に焼き上げる。孫の真祐花ちゃんもお手伝い

生のイチゴをたっぷり使って イチゴの練り込みパン

水を加えず、イチゴの水分だけで生地を練り上げた、ほんのりピンク色のさわやかなパンです。

●つくり方（p85～参照）

イチゴはよく洗ってヘタを取り除き、生地をこねるとき〔基本のパンのつくり方〕の項②に加えて、つぶしながらよく生地に練り込む。

イチゴの練り込みパン

◆材料
強力粉……250g
イチゴ……100g
天然ドライ酵母……5g
塩……4g
無塩バター……30g
砂糖……12g
卵……小1個

生のイチゴをたっぷりと

ゆで栗をたっぷり加えて
ほくほく栗パン

栗のつぶつぶが顔をのぞかせる楽しいパン。ゆで栗はつぶさず、形がわかるくらいにざっと生地に練り込むのがコツです。

●つくり方（p85〜参照）

栗はゆでて半切りにし、スプーンで中身を取り出しておく（つぶさなくてもよい）。第2整形（「基本のパンのつくり方」の項⑬）で生地全体に栗を練り込み、形を整えてから、表面にも栗をトッピングする。

栗パン

◆材料

強力粉……250g
栗（皮をむいて正味）……50g
天然ドライ酵母……6g
塩……小さじ$\frac{1}{2}$
無塩バター……30g
砂糖……12g
卵……小1個
ぬるま湯……卵と合計して170〜180cc

ゆで栗を加えて

甘さがほんのりきいた
干しリンゴパン

干しリンゴの甘い香りが食欲をそそります。

●つくり方（p85〜参照）

干しリンゴを食べやすい大きさに切り、第2整形（「基本のパンのつくり方」の項⑬）で全体に練り込む。

干しリンゴパン

◆材料

強力粉……250g
干しリンゴ（p68）……50g
天然ドライ酵母……6g
塩……小さじ$\frac{1}{2}$
無塩バター……30g
砂糖……小さじ1
卵……小1個
ぬるま湯
……卵と合計して170〜180cc

干しリンゴがアクセントに

ふんわり香り立つ ユズのマーマレードパン

新鮮なユズの皮でつくった手づくりのマーマレードは、香りも風味も鮮やか。パンに練り込んだとき、香りが立ってきます。夏ミカンやブンタンなど、お好みのマーマレードでもお試しください。

●つくり方（p85～参照）

ユズマーマレードを生地（「基本のパンのつくり方」の項②）に練り込み、丸めて（項⑬）、てっぺんにもマーマレードのユズ皮をのせる。

◆材料

強力粉……300g
ユズのマーマレード（p22）……60g
天然ドライ酵母……6g
塩……4g
砂糖……7g
ぬるま湯……150cc

ユズのマーマレードパン

ユズのマーマレード入り

絶妙のコンビネーション さわやか梅パン

ほのかに漂うシソの香り。カリッとした歯ざわりの甘酸っぱい梅が、さわやかな風味を醸し出すパンです。

●つくり方（p85～参照）

梅は食べやすい大きさに切って第2整形（「基本のパンのつくり方」の項⑬）で練り込む。生地を丸めた後にもてっぺんから梅を埋め込み、包丁で生地の表面を少し切って梅をのぞかせる。

ジュースに漬けた梅の実を活用

◆材料

強力粉……250g
梅シソジュースの梅（p28）……50g
天然ドライ酵母……6g
塩……小さじ½
無塩バター……30g
砂糖……小さじ1
卵……小1個
ぬるま湯……卵と合計して170～180cc

梅パン

3
章

旬の味を楽しむ・生かす

ノドの痛みをやわらげる梨あめを製造

「安全・美味」の果物&加工品を追求

かつて消費者の方々との交流をはかり、信頼関係を築くため「フルーツミーティング」の名称で果物の試食会を開催。果樹園で収穫したばかりの果物や珍しい果物、さらに手づくりのフルーツ料理を試食するとともに、果物のおいしい食べ方、見分け方、カット法、料理法などを研究したのです。

なお、現在の食品加工施設は1994年に設置。ジャム、シロップ煮の製品化の許可をとりました。また、菓子製造業の許可もとり、2001年からパンの製造・販売を手がけています。

パンの種類は果実や果汁を使ったユズパン、梨パン、栗パンなど約20種類。ジャムなどとともに直売所&地元菓子店で周年販売しています。

フルーツミーティングを1994年から3回ほど開催

珍果について解説する講師の宮田正信先生（東京農大）は娘の恩師

果物についてレクチャー（著者）

消費者を招いた収穫感謝祭（1997年）

手づくりパンを袋詰めする

さわやかな風味の梅パン

定番として人気の干しリンゴパン

フルーツ入りパンいろいろ

「安全・安心・良味」のジャム製品

あると便利なびん詰めシロップ

ふるうつらんど井上INFORMATION

代々続く果樹農家として梨、ブドウ、リンゴ、梅、柿、桃、イチジク、プルーン、ユズなどの20種類余りの果樹を栽培。果実の見かけや大きさにこだわらず、低農薬栽培で果実本来の味と香りを追求。収穫した果実は直販（直売所＆宅配便）でも大好評。一部をジャムやマーマレード、シロップ、ジュースなどの加工用に使用している。

ふるうつらんど井上
〒252-0801　神奈川県藤沢市長後1512
TEL　0466-44-2510
FAX　0466-46-3519

やさしい味と香りのリンゴジャム

●著者プロフィール

井上節子（いのうえ　せつこ）

神奈川県綾瀬市生まれ。1963年、藤沢市の果樹農家・井上欣之助と結婚し、一緒に2.5haの果樹園を切り盛りする。栽培する果物は梨、ブドウ、リンゴ、梅など約20種類。1994年、娘の就農をきっかけに果樹の直販（直売所「ふるうつらんど井上」＆宅配便）を、2000年には食品加工・菓子製造など（加工施設「ばぁばの手果房」）をはじめて部門分担制をしき、主に食品加工部門を受け持つ。無添加で食味良好のジャム、マーマレード、シロップ煮、フルーツパンなどを製造販売。

神奈川県認定のふるさと生活技術指導士、湘南地域女性協議会元会長、NPO法人田舎のヒロインわくわくネットワーク会員。

手づくりジャム・ジュース・デザート

2004年2月10日　第1刷発行
2010年7月1日　第2刷発行

著　　者——井上節子（いのうえせつこ）

発 行 者——相場博也

発 行 所——株式会社 創森社

〒162-0805 東京都新宿区矢来町96-4

TEL 03-5228-2270　FAX 03-5228-2410

http://www.soshinsha-pub.com

振替 00160-7-770406

印刷製本——プリ・テック株式会社

ISBN978-4-88340-174-1 C0077

〝食・農・環境・社会〟の本

http://www.soshinsha-pub.com

創森社　〒162-0805 東京都新宿区矢来町 96-4
TEL 03-5228-2270　FAX 03-5228-2410
＊定価(本体価格＋税)は変わる場合があります

手づくり石窯ＢＯＯＫ
中川重年 編　Ａ５判１５２頁１５７５円

農のモノサシ
山下惣一 著　四六判２５６頁１６８０円

東京下町
小泉信一 著　四六判２８８頁１５７５円

豆屋さんの豆料理
長谷部美野子 著　Ａ５判１１２頁１３６５円

雑穀つぶつぶスイート
木幡 恵 著　Ａ５判１１２頁１４７０円

不耕起でよみがえる
岩澤信夫 著　Ａ５判２７６頁２３１０円

薪のある暮らし方
深澤 光 著　Ａ５判２０８頁２３１０円

菜の花エコ革命
藤井絢子・菜の花プロジェクトネットワーク 編著　四六判２７２頁１６８０円

市民農園のすすめ
千葉県市民農園協会 編著　Ａ５判１５６頁１６８０円

手づくりジャム・ジュース・デザート
井上節子 著　Ａ５判９６頁１３６５円

竹の魅力と活用
内村悦三 編　Ａ５判２２０頁２１００円

秩父 環境の里宣言
久喜邦康 著　四六判２５６頁１５００円

農家のためのインターネット活用術
まちむら交流きこう 編　竹森まりえ 著　Ａ５判１２８頁１４００円

実践事例 園芸福祉をはじめる
日本園芸福祉普及協会 編　Ａ５判２３６頁２０００円

虫見板で豊かな田んぼへ
宇根 豊 著　Ａ５判１８０頁１４７０円

体にやさしい麻の実料理
赤星栄志・水間礼子 著　Ａ５判９６頁１４７０円

雪印１００株運動 ～起業の原点・企業の責任～
田舎のヒロインわくわくネットワーク 編　やまざきようこ他著　四六判２８８頁１５７５円

虫を食べる文化誌
梅谷献二 著　四六判３２４頁２５２０円

すぐにできるドラム缶炭やき術
杉浦銀治・広若剛士 監修　Ａ５判１３２頁１３６５円

竹炭・竹酢液 つくり方生かし方
杉浦銀治ほか監修　日本竹炭竹酢液生産者協議会 編　Ａ５判２４４頁１８９０円

森の贈りもの
柿崎ヤス子 著　四六判２４８頁１５００円

竹垣デザイン実例集
古河 功 著　Ａ４変型判１６０頁３９９０円

タケ・ササ図鑑 ～種類・特徴・用途～
内村悦三 著　Ｂ６判２２４頁２５２０円

毎日おいしい 無発酵の雑穀パン
木幡 恵 著　Ａ５判１１２頁１４７０円

星かげ凍るとも ～農協運動あすへの証言～
島内義行 編著　四六判３１２頁２３１０円

里山保全の法制度・政策 ～循環型の社会システムをめざして～
関東弁護士会連合会 編著　Ｂ５判５５２頁５８８０円

自然農への道
川口由一 編著　Ａ５判２２８頁２０００円

素肌にやさしい手づくり化粧品
境野米子 著　Ａ５判１２８頁１４７０円

土の生きものと農業
中村好男 著　Ａ５判１０８頁１６８０円

ブルーベリー全書 ～品種・栽培・利用加工～
日本ブルーベリー協会 編　Ａ５判４１６頁３０００円

おいしい にんにく料理
佐野 房 著　Ａ５判９６頁１３６５円

カレー放浪記
小野員裕 著　四六判２６４頁１４７０円

竹・笹のある庭 ～観賞と植栽～
柴田昌三 著　Ａ４変型判１６０頁３９９０円

自然産業の世紀
アミタ持続可能経済研究所 著　Ａ５判２１６頁１８９０円

木と森にかかわる仕事
大成浩市 著　四六判２０８頁１４７０円

薪割り紀行
深澤 光 著　Ａ５判２０８頁２３１０円

協同組合入門 ～その仕組み・取り組み～
河野直践 編著　四六判２４０頁１４７０円

園芸福祉 実践の現場から
日本園芸福祉普及協会 編　Ｂ５変型判２４０頁２７３０円

紀州備長炭の技と心
玉井又次 著　Ａ５判２１２頁２１００円

自然栽培ひとすじに
木村秋則 著　Ａ５判１６４頁１６８０円

一人ひとりのマスコミ
小中陽太郎 著　四六判３２０頁１８９０円

育てて楽しむ ブルーベリー12か月
玉田孝人・福田 俊 著　Ａ５判９６頁１３６５円

炭・木竹酢液の用語事典
谷田貝光克 監修　木質炭化学会 編　Ａ５判３８４頁４２００円